Camiones

Julie Murray

ABDO
MEDIOS DE
TRANSPORTE
Kids

www.abdopublishing.com

Published by Abdo Kids, a division of ABDO, PO Box 398166, Minneapolis, Minnesota 55439.

Copyright © 2015 by Abdo Consulting Group, Inc. International copyrights reserved in all countries.
No part of this book may be reproduced in any form without written permission from the publisher.

Printed in the United States of America, North Mankato, Minnesota.

072014

092014

 THIS BOOK CONTAINS
RECYCLED MATERIALS

Spanish Translators: Maria Reyes-Wrede, Maria Puchol

Photo Credits: Getty Images, Shutterstock, Thinkstock,
© bibiphoto p.7, © spirit of america p.15, © Natursports p.21 / Shutterstock.com

Production Contributors: Teddy Borth, Jennie Forsberg, Grace Hansen

Design Contributors: Candice Keimig, Laura Rask, Dorothy Toth

Library of Congress Control Number: 2014938908

Cataloging-in-Publication Data

Murray, Julie.

[Trucks. Spanish]

 Camiones / Julie Murray.

   p. cm. -- (Medios de transporte)

ISBN 978-1-62970-377-0 (lib. bdg.)

Includes bibliographical references and index.

1. Trucks--Juvenile literature. 2. Spanish language materials—Juvenile literature. I. Title.

629.244--dc23

                    2014938908

Contenido

Camiones

Los camiones son **vehículos** de motor grande. ¡Son muy potentes!

4

Partes de un camión

La parte delantera de un camión se llama **cabina**. El conductor se sienta en la cabina.

cabina

Diferentes tipos de camiones

Hay muchos tipos de camiones.

Las grúas transportan carros

cuando se rompen.

Los camiones de bomberos
responden a las **emergencias**.

Llevan escaleras y mangueras.

Un tráiler transporta **productos**.

Lleva comida, computadoras

y muchas otras cosas.

Los camiones de basura recogen la basura. La aplastan y la llevan al basurero.

14

15

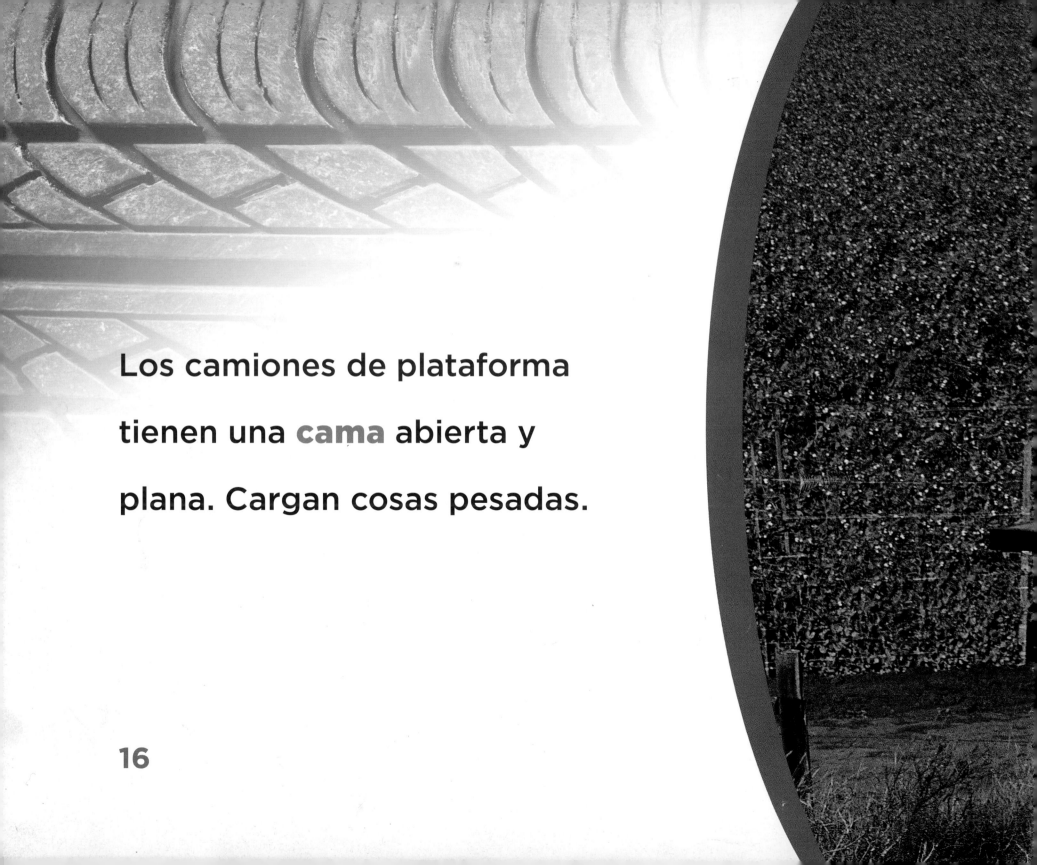

Los camiones de plataforma
tienen una **cama** abierta y
plana. Cargan cosas pesadas.

Los camiones madereros son grandes. Transportan troncos de árboles.

Las camionetas "monstruo" tienen ruedas grandes. ¡Pueden aplastar carros con sus ruedas!

21

Más datos

- Un tráiler con carga pesa alrededor de 80,000 libras (36,287.4 kg).

- En un camión de bomberos caben hasta 8 bomberos con sus trajes. ¡El equipo de un bombero pesa alrededor de 60 libras (27.22 kg)!

- Los camiones de plataforma son de los más difíciles de manejar. La plataforma no tiene lados. Su carga es demasiado grande para un tráiler normal.

Glosario

cabina – donde el conductor se sienta para manejar el vehículo.

cama – plataforma que se utiliza para transportar objetos grandes y/o pesados.

emergencia – evento repentino que requiere ayuda o asistencia.

productos – artículos comerciales.

vehículo – medio de transporte. Un carro es un vehículo. Hasta un trineo es un vehículo.

Índice

abdokids.com

¡Usa este código para entrar a abdokids.com y tener acceso a juegos, arte, videos y mucho más!

Código Abdo Kids:
TTK0830